齋藤 孝の
どっちも得意になる！

社会 × 理科

教育画劇

はじめに

　学校で勉強する教科は、「国語」「算数」「理科」「社会」のように分かれています。それぞれまったく別々の分野を学んでいるように感じるかもしれませんが、実はその内容には、教科の壁をこえて関わりあっている部分がたくさんあります。たとえば、社会で起きているいろいろな環境問題の原因を知り、対策を考えるためには、理科の知識がとても大事です。また、算数の文章問題を解くためには、数式の理解や計算力などの算数の力はもちろん必要ですが、しっかりと言葉や文章の意味をとらえる国語の力も欠かせません。

　ある教科を勉強するときに、ほかの教科との関わりを考えながら学ぶと、とても効率よく両方の教科の知識が身につきます。ひとつの教科が得意になると、実はほかの教科を理解する土台の力が養われるのです。

　この本では、小学3年生〜6年生の教科書にそった「社会」と「理科」の学習のポイントを掲載しています。さらに2教科の学びのポイントをつなげて発展させ、教科書の内容にはとどまらない、幅広い知識を身につけられる考え方を紹介しています。2教科を一緒に考えることで、それぞれの教科への理解や各教科のつながりに対する関心がぐっと深まります。「社会は好きだけど理科は苦手だなあ」という人、その反対の人も、読みすすめるにつれて社会と理科の世界が深くつながっていることにびっくりするはずです。

　この本を通して、教科の壁にとらわれないものの見方や、学ぶことの新しいおもしろさを発見してもらえたらうれしく思います。

監修者　齋藤孝

おもな登場人物

社会マン
社会の星から来たやさしいヒーロー。趣味は日本全国のお城めぐり。

理科ウーマン
理科の星から来たおしゃれなヒーロー。尊敬する人物はアインシュタイン。

まさし
社会が好きな小学生。好きな戦国武将は上杉謙信。

りか
理科が好きな小学生。好きな植物はひまわり。

もくじ

- くらしをささえるエネルギーを見つけよう ……………… 4
- 土地の気候とくらしのくふう ……………………………… 8
- 昔の道具と便利なしくみ …………………………………… 12
- トマトを育てる農家のくふう ……………………………… 18
- 赤ちゃんの健康を守る社会のしくみ ……………………… 22
- 環境問題への取り組みを学ぼう …………………………… 28
- 社会と理科で防災を考えよう ……………………………… 32

社会×理科 こぼれ話

- 歴史ある食べ物を科学的に味わおう ……………………… 16
- 大自然の歴史を未来につなげよう ………………………… 26

社会パワーと理科パワーを上手に組み合わせて、どっちも得意になっちゃおう！

くらしをささえるエネルギーを見つけよう

家の中を明るくしたり、部屋の温度を調節したり、お湯をわかしたり、みんなのくらしは電気やガス、石油などのエネルギーによってささえられているよ。家のどんなところに使われているか探してみよう。

社 エネルギー社会まめちしき

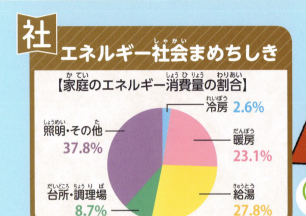

【家庭のエネルギー消費量の割合】
- 冷房 2.6%
- 暖房 23.1%
- 給湯 27.8%
- 台所・調理場 8.7%
- 照明・その他 37.8%

経済産業省「平成26年度エネルギーに関する年次報告」を元に作成

理 エネルギー理科まめちしき

ハイブリッドカーは、ガソリンで動くエンジンと電気モーター両方を使って走る。二酸化炭素の排出量やガソリンの量をへらすことができるエコな車だ。

トヨタの『プリウスPHV』。家庭の電源からも充電できる。

最新のハイブリッドカーで地球にやさしくおでかけだ！

今使っている電気はどうやって作られているのかな？

昔は薪で時間をかけてお湯をわかしていたんだよ。今はガスで追い焚きもスイッチひとつだなんて、ほんとにかんたんだね。

家の中のエネルギーを見つけよう

電気や石油、ガスは、家の中のどんなところに使われているかな？絵の中から右のマークを見つけて確認しよう。

エネルギーの種類
- 電気
- 石油
- ガス

ソーラーパネルで日中に発電した電気を家の中のいろんなことに使えるんだよ。

ガスコンロのほか電気の力で調理する、クッキングヒーターもあるクマ。

学びのポイント

電気の作り方を見てみよう

私たちのくらしに欠かせない電気はどのように作られているのでしょうか。手回し発電機のしくみを確認してから発電設備の構造を見ると、発電所のしくみが理解しやすくなります。発電所にはどんな種類があるのかも見てみましょう。

エネルギーの原料を知ろう

スイッチを入れるだけでいつでも使える電気やガス。目に見えないため実体をイメージしにくいエネルギーですが、原料も、作る過程もあります。限りある資源からできていることを学びましょう。

省エネが必要な理由を見直そう

省エネ家電やクールビズなどの取り組みが広まり、ひんぱんに目にするようになった「省エネ」の文字。省エネの目的を理解するとともに、エアコンの温度設定や衣服の調節など、自分たちにもできる省エネ行動を生活に取り入れていきましょう。

地球にやさしいエネルギーを探そう

太陽光や風力エネルギーなど、二酸化炭素の排出量が少なく、地球環境に負担をかけないエネルギーのことを「再生可能エネルギー」といいます。再生可能エネルギーはエネルギーの未来を考える上で欠かせない存在です。再生可能エネルギーの種類と使われ方、未来への展望を学んでいきましょう。

次のページで、社会と理科にもっとくわしくなろう！

エネルギーの源をたどろう

くらしをささえるエネルギーは無限にわいてくるわけではない。主に採掘した原料から作られている。地球の貴重な資源でできているんだ。

社＋理 電気の作り方を見てみよう

毎日使っている電気は発電所から送られてくるけれど、電気の作り方を知ると、大事な発電所のしくみがよくわかるよ。

電気を作るには

手回し発電機を実際に使ってみると、電気の作り方がよくわかる。手回し発電機にはモーターが入っている。ハンドルを回転させてモーターの動力源とすることで電気ができるしくみだ。ハンドルを回すと、モーターが回って電気が流れるのを確認できる。

手回し発電機のしくみ

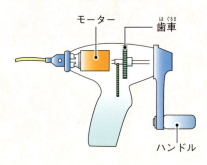

発電所では、ハンドルを回すかわりに大きなタービンを回してたくさんの電気を生み出しているよ。

発電所の種類

火力発電所

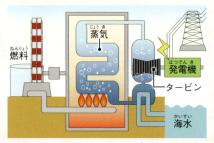

石炭、石油、天然ガスなどを燃焼させて蒸気を発生させ、その力でタービンを回している。

水力発電所

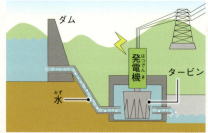

水が高いところから低いところへ落ちるときの水流の力でタービンを回している。

原子力発電所

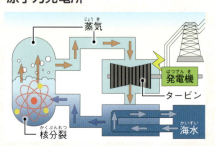

ウランなどの核分裂による熱で蒸気を発生させ、その力でタービンを回している。

理 エネルギーの原料を知ろう

エネルギーを作るための原料は人間が作り出すことができない貴重な資源だよ。それぞれ何でできているか知っているかな？

一次エネルギーから二次エネルギーへ

みんなが使っている電気やガスも、もとは天然資源。石油、天然ガス、石炭などの一次エネルギーから作られている。発電所やガス工場、製油所などをへて、私たちのくらしに役立つ二次エネルギーに変換されているんだよ。

Q 石油や石炭、天然ガスは何でできているの？

A 石油、石炭、天然ガスのことをまとめて化石燃料という。化石燃料は、何億年も前の動植物の死骸が変化してできた貴重なもの。地下深くに埋もれているものを採掘して使っているんだよ。

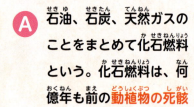

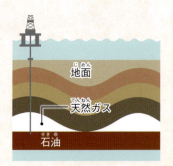

省エネが必要な理由を見直そう

省エネとは「省エネルギー」の略。エネルギーを省くこと。なぜ省エネが必要なのか、おもなふたつの理由を見てみよう。

エネルギー資源には限りがある！

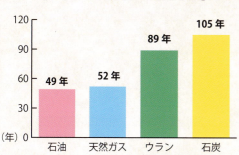
【エネルギー資源の可採年数】
- 石油 49年
- 天然ガス 52年
- ウラン 89年
- 石炭 105年

予測では、50年後には石油がとれなくなっちゃうと言われているよ！そのときぼくたちはどうしたらいいんだろう。

石油や石炭などのエネルギー資源は、採掘できる量に限りがある。現在のスピードでエネルギーを使い続ければ、近い将来、この大切なエネルギー資源が底をついてしまうと言われている。

地球温暖化をふせぐ！

- 温室効果ガス
- 太陽から受ける熱が逃げにくくなる。

温室効果ガスとは、地球の外へ熱を逃がないようにしてしまう気体で、二酸化炭素やフロンガスなどがそれにあたる。化石燃料の使用や森林減少などにより、大気中の温室効果ガスの濃度がふえてきている。

BP統計2013、OECD・IAEA「Uranium2011」をもとに2016年を起点に算出

地球にやさしいエネルギーを探そう

化石燃料に代わる再生可能エネルギーの利用が広まれば、限りある地球の資源を守ることができるよ。

未来を担う「再生可能エネルギー」

「再生可能エネルギー」とは、限りある化石燃料とはちがい、自然界につねに存在するものを利用して作ることができるエネルギーのこと。代表的なものは、太陽光や風力など。再生可能エネルギーの源は、どこにでも存在しており、二酸化炭素の排出量もぐっと少ないことが特ちょうだ。

再生可能エネルギーなら地球をいためないからやさしいね！

太陽光発電

太陽の光エネルギーを吸収して電気に変える、太陽電池を使って発電するしくみ。太陽光パネルを屋根に設置し、自家発電する家もふえている。

雪氷熱利用

雪や氷を利用して、冷房や冷蔵などに使用する。写真は札幌市のモエレ沼公園。冬の間に降った雪を貯雪庫にためて、夏の間、施設内の冷房に利用している。

風力発電

風の力で風車を回して発電する。現在、安定した風力の得られる北海道、青森、秋田などの海岸部や、沖縄の島々を中心に稼働している。

バイオマス燃料

生物資源を原料とする燃料。写真は藻の一種ミドリムシ（ユーグレナ）の培養風景。すでにバイオマス燃料でバスを走らせるなど、実用化もはじまっている。

日本の国土と天気と情報

国土の気候の特色

関連単元：社会5年　わたしたちの国土

日本は北が寒く、南があたたかい国です。地域によって気候の特色が分かれています。

気温も湿度も降水量も、地域によってこんなにちがうんだね。

北海道の気候	気温も湿度も低く、夏は短く冬が長い
太平洋側の気候	冬は乾燥し、夏は湿っていて降水量も多い
内陸性の気候	降水量が少なく、夏冬の温度差が大きい
日本海側の気候	夏は気温が高く、冬は多くの雪が降る
瀬戸内海の気候	降水量が少なく、比較的穏やか
南西諸島の気候	他の地域に比べ、気温も湿度も高い

台風と天気の変化

関連単元：理科5年　天気と情報

日本では、夏から秋にかけて台風が上陸したり、近づいたりします。台風は南のあたたかい海で発生し、下の図のように日本へ近づいてきます。

日本に接近する台風の代表的な進路

沖縄は、台風の影響を特に受けやすい地域です。南の海の上で勢力をまして強い風と雨をともなった台風の通り道であり、またちょうど台風が進路を変え長くとどまりやすい場所だからです。

社会と理科をつなげる

台風が直撃しやすい沖縄の家には、雨や風による被害を防ぐくふうがたくさんあるよ。土地の特色に合わせた伝統的な家のつくりを見てみよう。

今では風に強い現代的なコンクリートの家が多く建てられているよ。

沖縄の伝統的な家

シーサー
魔除けのため、屋根に沖縄の伝説の獣、シーサーが置かれている。

開口部
夏の暑さ対策のため、戸を広くとった縁側がある。

ふくぎ
家のまわりには「ふくぎ」と呼ばれる防風林が植えられている。

屋根
沖縄の赤土で作ったじょうぶな瓦でできている。屋根を低くし、風が上を抜けていくようにくふうされている。

石がき
小さなすきまを風が通り抜けるよう作られているため、強風でもくずれにくい。

学びのポイント もっとくわしくなろう
世界の気候とくらし

気候に合わせたくらしのくふうは日本だけでなく世界中のあちこちで見られるよ。長年の経験やくふうの積み重ねが、その国や地域独特の家のつくりに表れており、今も人々のくらしを支えているんだ。

🇪🇸 日差しを反射する白い壁の家

地域 スペイン南部のアンダルシア地方

気候 冬は温暖で比較的雨が多く、夏は高温で乾燥する地中海性気候。夏は強烈な日差しが降り注ぎ、40度をこすことも多い。

アンダルシア地方の「コスタ・デル・ソル」と呼ばれる海岸で、あちこちに見られる「白い村」。壁の材料になっているレンガにはハチの巣状の穴があいていて、室内に熱がこもりにくい。さらにそのレンガの外側を白い漆喰で塗り固め、強い日の光を反射して、室内に入る日差しを和らげている。

地中海に面した国や島にはスペインと同じように白い壁の家が多いんだって。

🇰🇷 足元の冷えを取る床暖房

地域 朝鮮半島

気候 冬は大陸性高気圧におおわれ、雨が少なく、乾燥する。1月の平均気温が氷点下となる地域も多い。

朝鮮半島では、古代から「オンドル」という独特な床暖房システムを発達させてきた。かまどを焚いたときに出る熱い煙を利用して、床下から家全体を暖めるしくみだ。現在では、床下にはりめぐらせた温水パイプによるオンドルを使用している家庭が多い。

◀かまどに薪をくべているところ。
▼家の裏側にはこのような煙突がある。

あたたかい煙は床下を通って、反対側に作られた煙突から出ていくしくみだよ。

かまど　床　煙突

灼熱の砂漠の地下都市

地域 オーストラリア南部

気候 砂漠地帯のため、昼夜の気温差が激しい。昼間40度近くまで上がった気温は、夜わずか5度程度まで下がる。年間降水量はたったの200mm以下。

クーバー・ピディは世界屈指のオパール産出地。その採掘に関わる仕事を持つ家庭の約3500人が地表の暑さから逃れるため、地下都市にくらしている。オパールの採掘あとを利用した地下住居は、意外なことに、昼間は涼しく夜はあたたか。地下に広がる街の中には、本屋や教会、レストラン、ゴルフ場などもあり、思った以上に快適に過ごせるんだって。

オパールの原石。

地下都市に作られた教会。

家具や電化製品など、地下の部屋にも、ふつうの家と同じように、生活に必要なものはすべてそろっているね！

寒暖の差を解決する移動式住居

地域 モンゴル高原地帯

気候 雨が少なく、空気がとても乾燥している。夏の気温は40度近くまで上がり、冬はマイナス30度以下のきびしい寒さにさらされる。

モンゴルの遊牧民は、季節ごとに遊牧に適した場所へ引っ越せるよう「ゲル」という移動式住居に住んできた。ゲルをおおう布を変えたり、何重にもおおったり、夏冬の気温差に対応できるよう温度調節をしている。他にも壁の裾を上げて風通しをよくしたり、板を並べてすきま風を防いだり。くらしの知恵だね！

ゲルの中のようす。

屋根の中央にある、「トーノ」という天窓から光を取り入れているよ。

昔の道具と便利なしくみ

時代とともに人々のくらしは大きく移り変わってきた。電気がなかった時代は、一体どんな道具がくらしに役立てられていたんだろう？ 昔の人の知恵を生かした便利な道具を科学の目から見てみよう。

昔の道具とてこのしくみ

身近な道具の移り変わり

関連単元：社会3・4年　古い道具と昔のくらし

電気を使った道具が当たり前になるまでは、今とはちがう道具が使われていました。

昔の道具について、おじいちゃんやおばあちゃんに話を聞いてみたいなあ。

てこのはたらき

関連単元：理科6年　てこのはたらき

ぼうを1点で支えて力を加え、ものを持ち上げたり動かしたりするしくみをてこといいます。

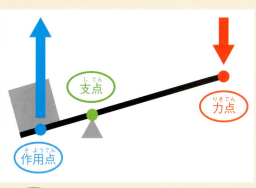

- **支点**…てこを支えているところ。
- **力点**…てこに力を加えるところ。
- **作用点**…加えた力がはたらくところ。

力を加える位置や力の大きさを変えると、てこのかたむきが変わります。左右の高さがつり合うときには、規則性があることがわかります。

社会と理科をつなげる

てこの棒がまっすぐになるのはどんなときだろう？　てこのはたらきを学んで、昔のさおばかりとてんびんのしくみをくわしく見てみよう。

さおばかりは支点と力点の距離を変え、てんびんは加える力の大きさを変えて左右のつり合いをとるんだね。

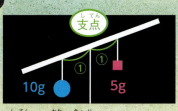

支点から同じ距離にものをつるすと、重い方に棒がかたむく。

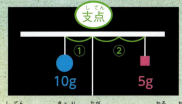

支点からの距離を長くとると、軽い重りを使っても重いものを支えられる。

さおばかり

水平につり合った棒の支点から同じ距離に物をつるして、棒が水平になったとき、物の重さは等しい。

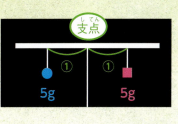

てんびん

学びのポイント もっとくわしくなろう
てこのはたらきを探そう

実は今みんなのまわりにある身近な日用品にも、大きな道具や機械にも、昔の道具と同じ、このてこのはたらきが利用されているんだよ。探してみよう！

てこを利用した身近な道具

小さな力を大きな力に変えるてこ

はさみ

くぎぬき
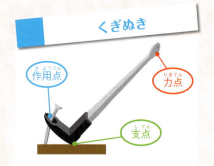

せんぬき

小さな動きを大きな動きに変えるてこ

はし

ホッチキス
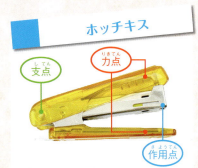

他にも、缶切りやプルタブ、スパナなど、意外なものにもてこのはたらきが使われているんだよ！

まだまだあるよ、てこのはたらき！

ピアノ

ピアノは、ハンマーで弦を叩いてふるわせることで音を鳴らす楽器。鍵盤を弾くと、てこのはたらきで内部のハンマーが動いて、弦を叩くしくみ。

画像提供：(株)河合楽器製作所

繊細な音を奏でるピアノの中にも、実はこのてこのはたらきがかくされていたなんて驚きだね！

ショベルカー

油圧シリンダーに油を注いでピストンを押し出す。てこのはたらきでアームを前後に動かす。

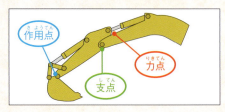

昔のこんな道具にも科学のてこのはたらきが！

醤油しぼり

画像提供：キッコーマン国際食文化研究センター

醤油は、大豆を発酵させた「もろみ」をしぼることでできる。現在では主に機械を使ってしぼられるけれど、昔は木でできた醤油しぼりという道具を使っていた。てこのはたらきを利用して圧力をかける。効率よく小さな力で大きな力を生み出し、醤油をしぼり出すことができたんだ。

井戸

水道が整備される前は、多くの家庭で井戸が使われていた。上の写真は、てこのはたらきを利用した「はねつるべ」という種類の井戸だ。水1Lの重さは1kgにもなる。地下から重い水をくみ上げるとき、できるだけ小さな力ですむように、井戸にもてこのはたらきが応用されていたんだよ。

てこのはたらきは昔から、人の生活に欠かせない知恵だったんだね！

コラム エジプト文明とてこ

エジプトでは何千年も前から、巨大なピラミッドが数多く作られてきた。その建造法にはなぞが多いが、てこのはたらきが利用されていたのではないかと考えられているよ。

エジプトのギザの大ピラミッド。ひとつ1t〜50tもある巨大で重い石を、200万個以上積み上げて作られている。

てこのはたらき
切り出した石の下に棒をさしこみ、てこのはたらきを利用して持ち上げる。

てこのはたらき
持ち上げた石をそりに乗せて運ぶ。そりがすべりやすいように地面に水や油をまき、てこのはたらきでそりを持ち上げながら、大勢でそりをひっぱり、石を動かしたと考えられている。

このように、てこを利用して石を運んだのではないかと考えられているよ。世界七不思議にもあげられている驚きの建造物だ！

社会×理科 こぼれ話 1

歴史ある食べ物を科学的に味わおう

食材をあたためたり、発酵させたりすると、いろいろな化学反応によって食材のすがたや味が変わるよ。日本の歴史的な伝統食品を科学の目で見て、味わってみよう。

6世紀の日本にもチーズがあった!?

■ 蘇

「お菓子みたい! この食べ物はなんだろう?」
「実はとっても歴史ある食べ物なんだよ。」

どんな食べ物? 蘇の歴史

古代の日本で作られていた、チーズのような、キャラメルのような食べ物。牛乳を焦がさないように煮詰め、牛乳の表面にできる膜を固めて作られる。6世紀ごろ、中国から仏教が伝わるとともに、蘇の作り方も日本に伝えられたと考えられている。当時は天皇や皇族、有力貴族しか口にできない高級食だった。栄養が豊富で、不老長寿の特効薬として用いられたり、神様へのお供え物として使われたりしていたそうだよ。

科学の目で見ると… 牛乳をあたためると膜ができるのはなぜ?

このような現象を「ラムスデン現象」という。

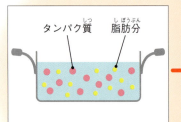
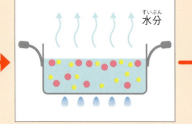
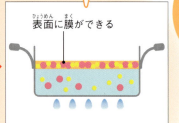

牛乳には水分の他に、タンパク質や脂肪分など、いろいろな成分がふくまれている。

牛乳をあたためると、だんだん水分が蒸発し、表面ではその他の成分の濃度が高くなる。

タンパク質は熱によって固まる性質があるため、脂肪分などと一緒に固まり、表面に膜を作る。

ホットミルクに膜がはるのも、蘇やゆばができるのも、すべてラムスデン現象によるものなんだ。

これも鎌倉時代からの伝統食品!

■ ゆば

どんな食べ物? ゆばの歴史

精進料理の材料として有名なゆば。鎌倉時代に中国から日本へ伝わったと言われている。大豆から作られるため、動物の肉を食べないお坊さんたちも安心して口にできるゆばは、禅宗のお寺で精進料理として発展していった。栄養が豊富で、刺身で食べたり、野菜などと煮たり、食べ方もいろいろだ。今も京都や日光で多く作られているよ。

牛乳と同じく豆乳(すりつぶした大豆を煮てこしたもの)をあたためたときにも、ラムスデン現象によって膜ができる。この膜をやぶらないよう丁寧にすくい上げたものがゆばだ。

7世紀から今までずっと大人気！

味噌

どんな食べ物？　味噌の歴史

味噌とは、米や大豆、麦を蒸したものに食塩と麹を混ぜて発酵させた日本独特の調味料。日本で味噌が作られるようになった時期はよくわかっていないが、7世紀ごろ中国や朝鮮から伝わったとする説が有力だ。味噌もまた、作りはじめたばかりのころは貴族しか食べられない高級食品だったが、鎌倉時代になると武士の家でも味噌汁が作られるようになり、室町時代になると一般庶民にも広く普及していった。その後地域の気候や風土によって原料や作り方が発展し、今ではさまざまな色や味の味噌が各地で作られている。

日本お味噌マップ

- 北海道味噌
- 津軽味噌
- 信州味噌
- 関西白味噌
- 讃岐味噌
- 越後味噌
- 九州麦味噌
- 東海豆味噌

米みそ圏
豆みそ圏
麦みそ圏

一般的に寒い地方は辛口、あたたかい地方は甘口が多いって言われているよ！

科学の目で見ると… 発酵とは？

目に見えない微生物のはたらきによって食べ物が変化した現象のうち、人間に有用なものを「発酵」と呼ぶ。微生物たちは、他の物質に作用したり、分解したりできる「酵素」という特殊なタンパク質を作り出し、食べ物を変化させる。しかし、人間に有用でないものは「腐敗」と呼ばれる。つまり、発酵食品か腐った食品かどうかを決めるのは人間次第。おいしい味噌もヨーグルトも、腐ったパンも、科学的に見れば実は同じ現象が起きているというわけだ。

デンプン　麹　糖　CO_2　酵母　アルコール

日本酒は、酵母がブドウ糖を食べて、要らなくなったアルコールを排出する活動によってできる。麹はデンプンをブドウ糖に変えるはたらきをしている。

日本の伝統的な発酵食品いろいろ

納豆
大豆を納豆菌によって発酵させたもの。

漬物
野菜を塩、糠、麹などに漬けこんだもの。発酵させない漬物もある。

なれずし
発酵によって風味と酸味を出したすし。もともとすしは魚と米を発酵させた保存食だった。今の握りずしと区別してこう呼ぶ。

醤油
大豆と小麦を原料とする麹に塩水を加え、発酵・熟成させたものをしぼって作る。

豆腐よう
沖縄の島豆腐を麹や泡盛で発酵させたもの。

トマトを育てる農家のくふう

農作物を効率よく栽培するには、植物の特性をつかむことが大事だよ。農家の人々はおいしくて安全な食べ物を作るために、農作物の研究を重ね、たくさんの努力とくふうをこらしているんだ。

農業と植物の成長

農家の仕事

関連単元：社会3〜4年　農家の仕事

私たちが毎日食べているお米や野菜、くだものなどの作物は、農家の人たちがくふうを重ね、手間をかけて作っています。

農家のくふうの例

作物がよく育つように土に肥料を混ぜる。

とれたてを出荷するために苗を植える時期を少しずつずらす。

地域の特ちょうに合った作物を作る。

効率よく仕事をするために機械を使う。

じゃがいもは寒さに強い野菜なので北海道でたくさん栽培されるようになったんだって！

植物の発芽、成長、結実

関連単元：理科5年　植物の成長

植物は、水と空気の両方があり、温度がちょうどよいときに発芽します。成長には、水、空気、温度、日光、肥料が関係し、成長に最適な条件は植物によってちがいます。

【発芽に適した気温の目安】

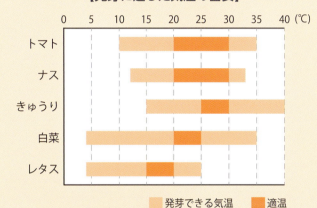

発芽できる気温／適温

トマトの発芽に適した気温は20〜30℃だから、寒い地方では育てにくい野菜なんだね。

社会と理科をつなげる

農家の人たちは、農作物が成長しやすいように、地域の気候を活かして、それぞれの農作物に適した栽培方法をくふうしているよ。

ビニールハウスの中は外より温度が高いんだよ。

 熊本県、愛知県など

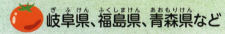 岐阜県、福島県、青森県など

【出荷時期】冬・春
【栽培方法】温室栽培

温暖で、日照の多い気候を活かし、冬でも温室の中で夏野菜のトマトを栽培している。熊本県は、トマトの収穫量全国第1位。

【出荷時期】夏・秋
【栽培方法】雨よけ栽培

夏の高冷地は実はトマト栽培に適温。病気や実割れの原因となる雨を防ぐため、屋根だけのハウスを用い、雨よけしながら育てている。

学びのポイント もっとくわしくなろう
おいしく安全な野菜を目指して

人間は常においしく安全な食べ物を求めている。消費者や生産者の希望を叶えるために、日夜研究が進められているよ。

農作物にもご先祖さまがいる！

ふだんみんなが口にしている野菜やくだものは農作物用として品種改良されたものだけど、もともとはどれも野生の植物だった。人間が育てやすく食べやすいように品種改良して、その種類をふやしてきたんだ。実は、もともとの野生種はそのままでは食べられないものも多いんだよ。

野生のトマト
玉川大学 農学部生物資源学科 田淵俊人教授提供

トマトは、もともとは南アメリカの植物。コロンブスによる新大陸到達以来、世界中に広まっていった。

実の大きなトマトは16世紀ごろ、突然変異でできたものなんだって！

実はご先祖さまが同じ！？ キャベツのなかまのルーツをたどる

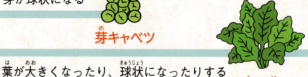

- 花が大きくなる → カリフラワー、ブロッコリー
- 芽が球状になる → 芽キャベツ
- 葉が大きくなったり、球状になったりする → ケール、キャベツ

キャベツの野生種

みんなの希望を叶える農作物研究

品種改良とは、消費者や農家の「もっとこんな農作物があったらいいな」という声に応えるために、新しい種類の農作物を作ること。ちがう特ちょうを持った農作物同士を交配させるなどして研究を行うため、その開発には10年以上の長い時間がかかることが多い。

消費者の声

低価格なものがあるといいんだけど

いろんな色の、見た目のおもしろい品種があればなあ

苦味のない野菜がほしいわ

生産者の声

一度にたくさん収穫できる品種はないかな？

病気や害虫に強い品種があればな

悪天候に強い品種がほしい！

→ 安全な作物として安定した収穫ができることを確かめて…

→ **研究所** 味をテストしてみよう

新しい品種の完成だ！

農業で活躍する昆虫たち

作物を効率よく、安全に育てて収穫するために、昆虫の特ちょうを活かしたこんな新しい農業システムも利用されているよ。

受粉作業はおまかせ

これまでトマトやナスを育てる農家では、人の手で受粉を行うのがふつうだったが、最近ではマルハナバチに受粉をしてもらうという方法が広まっている。人の手間が省ける上に、マルハナバチによって受粉されたトマトは、なんと、実の中身がスカスカになってしまう「空洞果」現象を防げるのだそうだ。昆虫の力ってすごいね！

農家の年間労働時間の多くを占める重労働だった受粉作業をぼくらがカット！

虫で虫をやっつける天敵農法

農作物には、大事な実や葉を食べてしまったり、よごしたりする害虫がつきもの。ふつうは農薬を使って害虫を撃退するが、農薬の代わりに害虫の天敵である昆虫を放って害虫を撃退する方法がある。これを天敵農法という。

天敵とは…？

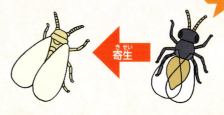

オンシツコナジラミ — トマトにつく害虫
オンシツツヤコバチ — オンシツコナジラミに寄生し栄養を吸い取る
←寄生

マルハナバチに受粉作業をしてもらうためには、マルハナバチも殺してしまう農薬が使えない。だから害虫対策にも天敵農法がぴったりなんだ。昆虫の農業利用は無農薬野菜を栽培するための方法としても熱く注目されている。

コラムQ　植物工場で育つ野菜

植物工場とは、温度や光などの環境条件を調節して、安定した室内で植物を育てる工場のこと。天気や害虫の影響を受けずに安全な野菜を生産することができるよ。

安心・安全な野菜を作る最新技術

畑じゃなくても野菜はできる！

植物工場は日本にももうすでにいくつかあり、葉物野菜を中心に栽培が行われている。室温、水温、養分などの環境条件を最適な状態に保つ技術のおかげで、高品質な野菜を安定して作ることができ、農薬を使わない安全な野菜を提供している。これからの新しい農業として活躍しそうなシステムだ。

4大メリット
- 台風や大雪でも収穫することができる
- 味と見た目がよく、栄養価が高い
- 害虫、花粉、ウイルスの心配がない
- 農薬を使わずに栽培できる

植物工場で作られている代表的な野菜

フリルレタス　　クレソン　　バジル

レタス　　からし水菜

技術が進めば、砂漠や宇宙で野菜を作ることも夢じゃないかも!?

赤ちゃんの健康を守る社会のしくみ

人間もイヌも、ウサギも、ほ乳類の赤ちゃんはみんなお母さんのお腹から生まれてくるね。赤ちゃんがお腹の中で大きく育っていくってどんな感じなんだろう。子育てを応援する社会のしくみも見ていこう。

いろんな動物の赤ちゃん

人間以外の赤ちゃんはどうやって生まれてくるんだろう?

ぼくは生まれた日にもう立ち上がって、次の日には走れるようになったよ。すごいでしょ?

シマウマ

パオーン

体が大きくて寿命が長いと妊娠期間の長い動物が多いみたい!? ぼくはお母さんのお腹の中に2年もいたんだよ!

ゾウ

ぼくらパンダは50%の確率で双子が生まれるんだって! 生まれたばかりのときはとても小さくてピンク色なんだよ。

生まれたばかりのぼくらライオンの赤ちゃんには体毛にはん点があるんだよ。

ぼくらのお母さんは多いときは12匹も子どもを産むんだ。ぼくも12つ子なんだよ!

パンダ　ライオン　ウサギ

ク〜ン

ぼく生まれてすぐのときはミツバチくらいの大きさだったんだって。

オポッサム　イヌ

生まれたばかりのぼくらはまだ目も耳も開いてないけど、鼻ははたらいていてお母さんのにおいがわかるんだ。

妊娠期間	
オポッサム	12〜13日
ウサギ	31〜32日
イヌ	59〜65日
ライオン	およそ108日
パンダ	およそ150日
ヒト	およそ280日
シマウマ	370〜390日
ゾウ	623〜660日

動物の種類によってお母さんのお腹の中にいる期間は変わるんだよ。

大切な新しい命を守るためにぼくらにも何かできることってあるのかな?

エライっ! その心意気で赤ちゃんやお母さん、妊娠している女の人にやさしい社会を作っていこう!

子育て支援と生命

わたしたちの生活と政治

関連単元：社会6年　わたしたちの生活と政治

市町村や区には、住民の意見や願いを政治に反映させる役割があります。そのために、住民や会社などから税金を集め、公共事業を行っています。子育て支援もそのひとつです。

住民の要望
- 子育てに関する相談の場がほしい
- 放課後子どもが安全に遊ぶ場所がほしい

議会

提案 ⇅ 議決

市区町村

建設

子育て相談センター

学童保育所

人のたんじょう

関連単元：理科5年　人のたんじょう

受精卵は、母親の子宮の中で羊水に守られながら胎児として育ち、やがて新生児として生まれてきます。

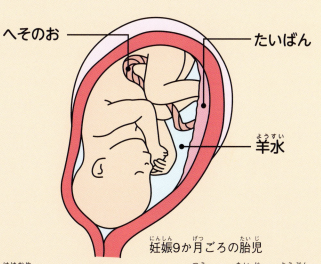

妊娠9か月ごろの胎児

母親はたいばんとへそのおを通じて胎児に養分をあたえているため、妊娠中はいつも以上に体を大事にする必要があります。また妊娠中は、吐き気や腰痛など、体に影響が出ることもあります。

社会と理科をつなげる

電車などで「マタニティマーク」をつけた女性を見かけたことはあるかな？これは、みんなが妊婦さんを助けやすくするために作られたマークなんだよ。

妊婦さんはお腹が目立たない妊娠初期も体調がつらいことが多いんだって。

妊婦さんは自治体や鉄道の駅でマークがもらえるみたいだよ。

おなかに赤ちゃんがいます

マタニティマークを見かけたら…
電車やバスで妊婦さんを見かけたら、優先的に席をゆずろう。

命を守る大事なマーク
妊婦さんが事故にあったときなどは、母子を守るために慎重な対処が必要になる。このマークをつけていると、一目で妊娠中だとわかるため、病院ですばやく適切に対応できるんだ。

使いかた
妊婦さんがマークを身につけて、まわりの人に妊娠していることを知らせることができる。また、交通機関や職場、飲食店で妊婦さんにやさしい環境作りを呼びかけるポスターなどにも活用されている。

学びのポイント もっとくわしくなろう
子どもの健康な成長のために

赤ちゃんが幸せに健康に育つためには、みんなの正しい知識と理解が不可欠だ。子どもを育てる家族を社会全体で見まもっていこう。

妊娠中の健康診査

お腹の中の赤ちゃんのようすがわかる！

今では産婦人科で行う妊娠中の検査に、超音波装置を使うことが多い。モニターの画面から、赤ちゃんのようす、母親の健康状態、出産予定日、性別などがわかる。下の写真は妊娠9週間ごろのまだ小さな赤ちゃん。

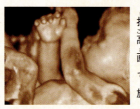
技術が進み、高精度な3D画像を映し出す装置を持つ施設も。

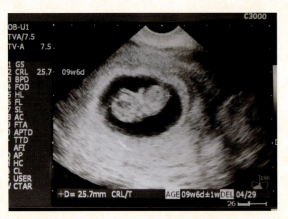

どうやって写真を撮るの？

超音波は、人の耳では聞こえないとても高い音の波のこと。体の外から超音波装置をあてて、体の中からはね返ってきた超音波をはかる。はね返った波の強弱を画像に変換することで、お腹の中の赤ちゃんのすがたがわかるんだ。

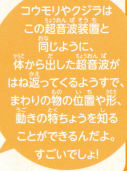

妊婦さんの健康診査や超音波検査はみんなが受けられるように、自治体が費用の補助をしているよ。

コウモリやクジラはこの超音波装置と同じように、体から出した超音波がはね返ってくるようすで、まわりの物の位置や形、動きの特ちょうを知ることができるんだよ。すごいでしょ！

国や自治体による子育て支援制度

母子健康手帳

子どもひとりにつき、一冊ずつ配られる。妊娠・出産の経過や予防接種の記録、子育て支援制度の紹介など、子どもの成長に必要な情報がつまっている大切な手帳だ。

乳幼児医療費助成制度

健康保険に加入しているなどの条件を満たすと、子どもの医療費や薬代を助成してもらえる制度。子どもはいろんな病気にかかりやすいため、使用頻度は高い。

児童手当・特例給付

子どもを育てる親に支給される手当。子どもの人数や年齢によって支給額が変わる。

ワクチンで防げる病気のことを「VPD」というよ。

乳幼児健診・予防接種

病気の早期発見や発達段階を見るために、市区町村では乳幼児の健診を行っている。また、感染症を防ぐための予防接種も「定期接種」に指定されているものは無料で受けられる。

子ども・子育て支援新制度

保育の場を確保するなど、さまざまな形で子育て支援を推進する制度。子どもの人数に比べて必要な保育所の設置が間に合っていない、いわゆる「待機児童問題」の解消を目指している。

全国の待機児童数

平成22年4月 26275人 → 平成27年4月 23167人
5年で3108人減

待機児童の数は少しずつへっているものの、まだまだその全体数は少なくない。

コラム ❶
赤ちゃんのかわいさのひみつ

赤ちゃんにほほえみかけられると、「かわいい！」って幸せな気分になるよね。そのかわいらしさには、実は理由があることがわかっているんだ。

> 当たり前だと思っていることも研究を重ねれば理由や秘密を解明できるんだよ。

赤ちゃんのひみつ1 顔
動物の赤ちゃんとくらべてみよう！

ノーベル生理学・医学賞を受賞した動物行動学者のコンラート・ローレンツ博士は、ヒトやそのほかの動物の赤ちゃんに下記のような特ちょうがあることをあげ、「ベビーシェマ」と名づけた。これらの特ちょうには、大人に「かわいい」と感じさせる効果があると言われている。つまり、ヒトもふくめ動物の赤ちゃんは、思わず守りたくなるようにできているんだ。

ベビーシェマ
- 身体に比べて大きな頭
- 前に張り出た額
- 顔の中央よりやや下にある大きな眼
- 丸みを持つふっくらとしたほほ
- 短くて太い手足
- 全体に丸みのある体型
- やわらかい体表面
- 動作がぎこちない

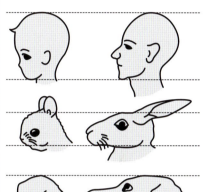

赤ちゃんと大人の頭部を比べると、どの種もおでこや目の位置が大きくちがっていることがわかる。

赤ちゃんのひみつ2 笑顔
生まれたばかりのときは本能で笑う！

生後1か月までの赤ちゃんのほほえみは、「新生児微笑」と呼ばれている。生まれたばかりの赤ちゃんは、まだ「おもしろい」、「楽しい」といった感情がわからない。それでも口元をにっこりさせることがあるのは、お父さんやお母さんにかわいがって育ててもらうために、生理的にほほえんで見える、微笑本能があるからなんだ。

新生児微笑 → **社会的微笑**

生後1〜2か月ごろから、喜びの感情をはぐくみ、やがて意図的に笑う「社会的微笑」に変化していく。

赤ちゃんのひみつ3 におい
お母さんが心地よい気分になる！

ある実験で、30人の女性に2日間赤ちゃんが着た洋服をかいでもらったところ、全員が「よい香り」と答えた。そのうち、出産経験のある女性は出産経験のない女性よりも脳の活動が活性化していたのが確認できたという。研究によると、赤ちゃんのにおいには、お母さんの脳を刺激して心地よい気分にさせる効果があるそうだ。

> 赤ちゃん自身にもお母さんを癒やす力があって、お互いに大切な関係を築いていくんだね。

社会×理科 こぼれ話 2

大自然の歴史を未来につなげよう

地球上に広がる自然は、古代から長い時間をかけてはぐくまれてきた。大自然の歴史をのぞきながら、美しい地球環境を守るためになにができるか考えてみよう。

グレートバリアリーフ

オーストラリア

生命をはぐくむサンゴ礁！

グレートバリアリーフは、オーストラリア北東部の海岸に広がる世界最大のサンゴ礁。この場所に最初のサンゴが誕生したのは、今からなんと1800万年前と考えられている。それから長い年月をかけて、少しずつサンゴが数をふやしながら広がっていったんだ。宇宙からも確認できるほど広大な面積を誇る豊かなグレートバリアリーフには、魚やクジラ、イルカなどたくさんの生き物が生息している。まさに重要な生物多様性を支える場所だ。しかし近年では地球温暖化や水質汚染が原因で、サンゴや魚たちの数がへってしまっていて、深刻な問題になっている。

▶p.28　環境問題への取り組みを学ぼう

アメリカ

20億年前の地層が広がる！

アメリカにあるグランドキャニオンは、コロラド川にそって約446kmにものびる、世界で最も雄大な峡谷のひとつ。川が長い年月をかけてコロラド高原をけずりとってできた地形で、谷の深さはなんと1600mにもおよぶ。最深部にある20億年前の地層から、上部の2億5千万年前の地層まで観察できるこの場所は、世界で最も多くの化石が発見されたところでもあるんだ。観光地としても人気が高く、毎年世界中から多くの人々が訪れる。この貴重な峡谷と、そこに生息する動植物を守るために、ごみの管理など環境問題への取り組みも徹底されているんだよ。

グランドキャニオン

人間よりずっと長い歴史を持つ地球の風景を、こわさないようにいつまでも守っていきたいな。

琥珀

> 琥珀の中に、すでに絶滅してしまった生き物が入っていることもあるよ。

地球の歴史を知る手がかり！

美しい宝石としても使われる琥珀。実はこの琥珀は、数千万～数億年前の樹木の樹脂が土砂などに埋もれて化石になったもの。樹脂が固まる間に昆虫、木の葉や花などが入りこんだものもあり、古代の地球を知る手がかりとして、科学的にも大変価値が高い。琥珀は世界各地で産出されているが、世界最古の琥珀は約3億年も前のもので、イギリスのサンバーランドや、ロシアのシベリアなどで発見されている。

屋久島

日本一太い杉の木！

鹿児島県の屋久島に生えている「縄文杉」は、高さ25.3m、幹の周囲の長さは16.4mという、日本一太い杉の木だ。樹齢は2000年～7000年と考えられており、世界遺産にも登録されている。杉の木の平均的な寿命は500年ほどと言われているが、屋久島ではこの他にも樹齢1000年を超える巨木が見られる。新鮮な水に恵まれながら、栄養のとぼしい花崗岩の山地に育つ屋久杉は、とても成長が遅い。しかしそのために木の材質がきめ細やかで樹脂分が多く、腐りにくくなる。だからこそ長い時間を生き、こんなに大きく育つことができると考えられているんだ。

縄文杉

> 屋久島には、絶滅危惧種のアオウミガメやヤクシマリンドウなど貴重な生物もたくさん生息しているよ。

コラム 強い建物と木のひみつ

今から1300年以上も前に建てられた奈良県の法隆寺は、世界で最古の木造建築だ。法隆寺を修理するときは、木が生えているときに南側を向いていた部分を、建物を建てるときも南向きの柱に使うなどのくふうがされている。木は切ったあとも山に生えていたときのくせを持ち続けているため、そのくせをうまく活かすことで、長い時間が経ってもゆがんだりしない強い建物になるんだ。長い歴史を持つ建築には、非常に樹齢の古い木が使われている。木が年月をかけてはぐくんできた自然の力が、建物の力として活かされているんだね。

法隆寺は、日本ではじめて世界文化遺産に登録された。写真は法隆寺の五重塔。

環境問題への取り組みを学ぼう

環境問題とは、人間の活動で地球の自然環境が変化して起きる問題のこと。今の私たちの行動が、遠い未来の地球に悪影響をあたえることもある。環境問題の原因と変化のメカニズムを学んで考えよう！

社 エネルギーと環境の関わりを見つけよう

エネルギーを使いすぎると…

資源の枯渇
地球温暖化

発電のために石油や石炭を燃やし続けると、空気中の二酸化炭素がどんどんふえ、大きな地球温暖化問題につながる。

▶P.6・7 省エネが必要な理由を見直そう

私たち人間が自然環境を守りながらくらしていくには、何を学んでいく必要があるのかな。

植物のアシには、川のよごれを吸収して水をきれいにしてくれるはたらきがあるんだって!

理 空気を通した生物の関わり

生物は呼吸で酸素を体の中に取り入れ、二酸化炭素を出す。

植物は日光が当たると、光合成によって二酸化炭素を取り入れ、酸素を出す。

学びのポイント

社 いろいろな環境問題を知ろう

さまざまな環境問題とその原因を知り、それぞれの問題どうしに関連する部分はないか探してみましょう。たとえば、温室効果ガスのひとつフロンは、「地球温暖化」の原因であると同時に「オゾン層を破壊」する原因にもなっています。また「熱帯林の減少」は、動植物のすみかをうばい「野生動物の減少」をまねくだけでなく、二酸化炭素の増加にもつながり、さらに「地球温暖化」を加速させることに。環境問題を全体的に学ぶと、そのつながりがより見えてくるのです。

理 地球の温暖化を予測して考えよう

2015年末、「COP21」で地球温暖化対策の枠組みが話し合われました。世界規模の取り組みを成功させるためには、ひとりひとりが危機感を持つことが大切です。このままさらに温暖化が進むと、地球にどんな影響が生じてくるのか、くわしく学びましょう。

社+理 生態系のしくみと保全

生態ピラミッドを見ながら、食物連鎖などの生態系のしくみや生物多様性の大切さを学び、それをおびやかす原因と対策について考えましょう。しくみを理解した上で、実際の生態系回復の例を確認すると、私たち人間も生態系の一部として、どう関わっていくべきなのか、いっそう理解が深まります。

次のページで、社会と理科にもっとくわしくなろう!

地球の命を未来につなごう

人間の活動が自然のしくみに影響をおよぼしているのが環境問題。地球の未来を守るためには、社会と理科の両方の知識が必要だね。

社 いろいろな環境問題を知ろう

環境問題と呼ばれている問題にはどんなものがあるかあげてみよう。エネルギーや他の問題と関わっているよ。

砂漠化
気候条件の他、人間による森林伐採や放牧、土地開発、農地の放棄などにより、草木がほとんど育たない砂漠地帯の範囲が広がること。

熱帯林の減少
土地開発などにより、熱帯林が減少して、生物のすみかが奪われる。植物の減少で空気中の二酸化炭素吸収量もへってしまうことに。

酸性雨
工場などから放出された大気汚染物質により、雨が強い酸性になってしまうこと。生物や森林、建物などに大きな影響を及ぼす。

地球温暖化
二酸化炭素やフロンなどの温室効果ガスが原因で起こる、地球規模の温度上昇のこと。これがさらなる環境問題のひきがねとなる。

開発途上国の公害
開発途上国で、経済の発展を優先するあまり、大気汚染や熱帯林の減少など深刻な環境破壊が進んでしまうこと。

海洋汚染
産業廃棄物や石油タンカーの事故などによって、海に有害な物質が流れこみ、水質が悪くなること。魚介類や水辺にくらす生物、飲料水に影響が出る。

オゾン層の破壊
大気中のフロンにより、紫外線をカットするオゾン層が破壊されている。紫外線をあびると、皮膚がんなどの病気にかかりやすくなる。

野生動物の減少
乱獲やすみかの減少などによって、野生動物の数が少なくなる、または絶滅すること。生態系のバランスにも大きな影響が。

有害廃棄物の越境
有害な廃棄物を別の国へ移動させて処理すること。正しい処分方法がとられていない場合もあり、環境汚染につながっている。

どの環境問題も密接に関わり、たがいに影響し合っていることがわかるね。

理 地球の温暖化を予測して考えよう

温暖化が進むと、どんな悪いことが起こるんだろう。具体的な地球への影響を見てみよう。

このまま地球温暖化が進めば、2100年ごろまでに、地球の平均気温は現在より1.1〜6.4℃上昇すると言われているよ。下の図にしめしたように、平均気温が上がると社会や環境にとても深刻な影響が出ると考えられている。この危機的状況をなんとかするためには、世界規模での対策が必要だ。

地球を救うための話し合い COP21
2015年11〜12月、国連に加盟する196か国がパリで話し合いをした。この会議を「COP21」という。会議では、今後各国が協力して温室効果ガスの排出量をへらし、上昇温度を1.5℃未満に抑えられるような取り組みをしていこうという約束がなされた。

平均気温の上昇による地球への影響

- 1℃: サンゴ礁や北極の海氷などに深刻な影響、マラリアなど熱帯の感染症の拡大
- 2℃: 高温や洪水など異常気象による被害が増加 / 作物の生産高が地域的に減少
- 3℃: 広い範囲で生物多様性が損失 / 利用可能な水が減少
- 4℃: 多くの種が絶滅する危機、世界の食料生産が危険にさらされる
- 5℃: 大規模に氷河や氷山が消失し、世界の海面水位が上昇・陸地が減少

社＋理 生態系のしくみと保全

1種類の動物がいなくなるだけで、生態系のバランスは大きくくずれてしまう。生態系のしくみを見ていこう。

Q なぜ生き物の種類は多い方がいいの？

A 地球上の生物は、おたがいが「食べる・食べられる」の関わりの中で生きている。たとえば、ある生物が絶滅すると、その生物をエサにする生物もへっていき、さらにその生物をエサにする生物もへる。一方で、今度はその生物に食べられていた生物が爆発的に増加し、別の生物をおびやかす…というように生物全体が大きな影響を受ける。生態系のバランスは、全ての生物の多様性の上に成り立っているんだ。

生物多様性の危機を作り出す原因
- 資源の過剰な利用
- 土地開発による生息地の減少
- 地球温暖化（気候変動）
- 自然環境の破壊や汚染
- 外来種による生態系のかく乱

悪影響

実は人間の活動が、他の生物の絶滅するスピードを早める大きな原因になっているなんてショックだな…。

生態ピラミッド

生物同士の関わりを表したものが生態ピラミッド。植物は光合成によってみずから養分を作り出せるため、生産者と呼ばれる。土の中の小さな生物は、消費者の排泄物や死体などを分解して、生産者（植物）に必要な養分に変えるという重要な働きを持つ。

- 高次消費者（肉食性動物）
- 第一次消費者（草食性動物）
- 生産者（植物）
- 分解者（土壌動物）

生態系回復への取り組み

自然保護など、生態系を保持する取り組みが世界中で進められている。たった1種類の動物が生態系にあたえる影響の大きさを思い知らせてくれるのが、アメリカのイエローストーン国立公園の例だ。1995年、その土地で一度は絶滅したオオカミの群れを再び公園内に放った。すると、その影響は動物の数だけにとどまらず、20年の年月をへて、森林や川の形、土壌状態まで変えていった。やがて公園内は水と緑豊かな土地に変ぼうしたという。

イエローストーン国立公園の例

オオカミの食べ残しを求めてカラスやタカなどの生物の数もふえた

- オオカミが再来
- ↓
- シカの数がへった
- ↓
- 植物がふえた
- ↓
- ビーバーなどの動物がふえた
- ↓
- 川にすむ動物がふえた

オオカミの捕食によってシカの数がへり、シカが食べていた植物がふえ、森がふえた

木がふえて川を整備するビーバーがふえ、川の環境が変わった

川がゆるやかに流れるようになり、浅瀬や水のたまり場ができた

※生態系は、上記の内容以外にもさまざまな要因が複雑に関係し合ってバランスを保っています。

社会と理科で防災を考えよう

自然災害はどうして起こるんだろう？ 災害を防ぐにはどうしたらいいんだろう？ 災害はいつ起こるかわからないから、社会と理科の知識を活かして、ふだんから防災について考えておこう！

学びのポイント
自然災害と地震のしくみ

さまざまな自然災害

関連単元：社会5年　自然災害を防ぐ

日本は、世界の中でも自然災害が多い国です。地震や火山の噴火、台風や大雪など、近年でもいろいろな自然災害が起きています。

【日本で近年起きた大きな自然災害】

- 平成18年豪雪（2005年）
- 新潟県中越地震（2004年）
- 東日本大震災（2011年）
- 阪神淡路大震災（1995年）
- 御嶽山噴火（2014年）
- 台風18号、26号（2013年）
- 平成26年8月豪雨（2014年）
- 平成27年9月関東・東北豪雨（2015年）

土地のつくりと地震のしくみ

関連単元：理科6年　土地のつくりと変化

地震は日本各地で起こっていますが、大きな地震は、特に太平洋側の日本列島に沿った地域と内陸部（日本列島の地下）で多く発生しています。

【太平洋側で起こる地震のしくみ】

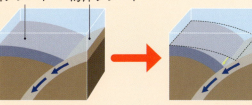

①海洋プレートが大陸プレートの下にしずみこむ。
②大陸プレートが地下にひきずりこまれる。

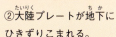

③ひきずりにたえられなくなった大陸プレートがはね上がることで、地震や津波が起こる。

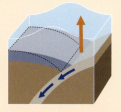

一方、内陸部では、活断層がずれて動くことで起こる、直下型地震の危険があるよ。

社会と理科をつなげる

国や都道府県、市町村によって、さまざまな防災の取り組みが行われているよ。自分がくらしている地域でどんな取り組みがなされているか調べよう。

水がなくても使えるトイレや、かまどになるベンチなどの設備があり、災害時、住民の避難場所として役立つよう考えられた防災広場。

気象庁が発表し、テレビやラジオ、携帯電話などで伝えられる緊急地震速報。地震のゆれをすばやく感知し、強いゆれが来る前に警戒を呼びかける。

東京都が作成し、各家庭に配られた防災ブック。災害にそなえるための情報がわかりやすくまとめられている。

国や地域の取り組みを知るだけではなく、自分や家族の身を守るために、ひとりひとりが意欲的に防災の知識を持つことが大切だね。

もしもの災害にそなえよう

災害にそなえて、今できることは何かな？ ハザードマップや防災訓練などの情報は国土交通省や市町村のホームページで確認してみよう。

地図は防災に欠かせない！

災害時は、携帯電話などの機器が使えないこともある。ふだん頼っている機器がなくても安全に行動できるよう地図をよく見ておこう！

ハザードマップってなんだろう？

地震や洪水、津波などの自然災害が起きたときに、被害がおよぶ範囲や被害の大きさを表した地図を「ハザードマップ」という。津波ハザードマップや地震ハザードマップなど、いろいろな種類があるので、自分の住んでいるまちの中の危険な場所や、災害時に避難する場所・経路をしっかり確認しておこう。

まちの中のどんなところが危険な場所になりうるか、一目でわかるね！

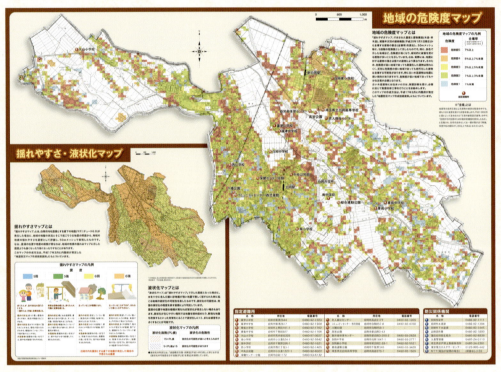

住んでいる場所がハザードマップでは安全とされていても、予想をこえた事態が起こることもあるので油断は禁物だよ。

埼玉県白岡市の地震ハザードマップ。建物がくずれる危険度や液状化の危険度などを、地域ごとに色分けしてわかりやすくしめしている。

この地図記号はなんだろう？

【緊急避難場所】
災害が起きたとき、または起きるおそれがあるときの、一時的な避難場所。

【避難所】
災害で家を失ったときなどに、避難生活を送るための場所。

【避難所兼緊急避難場所】
緊急避難場所と避難所、両方の役割を持っている場所。

災害が起き、自分がいる場所に危険がせまっているときには、すみやかに避難場所へ移動する。あらかじめ自分が住んでいる地域の地図を見て、緊急避難場所や避難所を確かめておこう。建物がくずれたり火事が起きたりすることもあるから、どの道を通ったら安全に避難場所に行くことができるのか、複数の経路を考えておこう。

地震が起きたとき危険な場所

- ブロックべいのそば
- ひびわれた建物や道路のそば
- ガラスばりのビルや建物のそば
- 工場など火事のおそれのある場所
- せまい道
- 海や川のそば　など

家から避難場所までためしに歩いてみて、危険な場所がないか探してみよう！

避難するときはなにが必要？

災害時に避難すると、しばらく家に帰れないこともあるかもしれない。どんなものが必要なのか考えてみよう。

災害が起きて避難が必要なとき、すぐに必要なものを持って避難できるように、今から「非常用持ち出し袋」を用意しておこう。物を入れすぎると重くて、すばやく安全に避難するのが難しくなるので、本当に必要なものだけを入れるようにしよう。

避難するとき両手が使えるように、持ち出し袋は背中にせおえるリュックサックがいいね。

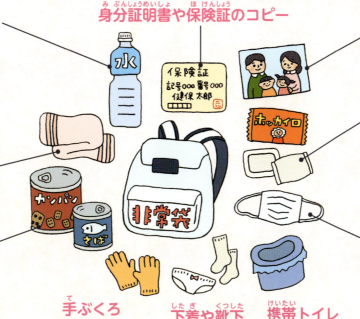

水
人間の体の約70％は水でできている。水は生物が生きるためにいちばん欠かせないもの。また、ペットボトルはこれ自体が給水カップがわりとしても使える。必ず1本は入れておこう。

身分証明書や保険証のコピー

家族の写真
家族とはぐれたときの確認や説明に役立つ。

タオル
防寒やけがの手当て、よごれふきなどいろいろなことに使える。

カイロ
寒いところに長時間いると、「低体温症」という危険な状態になることもある。体をあたためるカイロなどがあると安心。

食べ物
長持ちする缶詰などの食べ物を入れておこう。缶詰は外の空気にふれないように密封されているので長期間くさりにくい。

マスク
肺にほこりやウイルスが入るのを防ぐ。つけるだけで体感温度も上がるから、冬の寒さ対策にもなるよ。

手ぶくろ　**下着や靴下**　**携帯トイレ**

コラム ❾ 地域の施設で防災を学ぼう

全国各地に、防災について体験しながら学べる施設がたくさんある。地震のゆれや火災の煙、暴風雨のはげしさなどを体験し、災害時の危険を身をもって学ぶことができる。消火器の使い方や応急手当の方法などを教えてくれる施設もあるよ。あらかじめこうした災害時の危険や対応方法を体験しておくことで、いざというとき落ち着いて行動するのにきっと役に立つね！

実際に体験して学んだことは決して忘れないもの。いざというときのために積極的に参加してみよう！

東京都墨田区にある本所防災館。さまざまな体験コーナーやクイズコーナーがあり、防災について幅広く学ぶことができる。

防災を学べる施設が近所にあるか調べてみよう。

大地震のゆれを体験できるコーナー。

消火器の使い方を実際に学べるコーナー。

- 監　修　　　齋藤孝

  1960年、静岡県生まれ。東京大学法学部卒業。東京大学大学院教育学研究科博士課程等を経て現在、明治大学文学部教授。専門は教育学、身体論、コミュニケーション論。著書に『声に出して読みたい日本語』（草思社）、『勉強なんてカンタンだ！』（PHP研究所）、『考え方の教室』（岩波書店）ほか多数。

- 装丁・本文デザイン　DAI-ART PLANNING（五十嵐直樹、横山恵子、天野広和）
- 表紙・本文イラスト　MARI MARI MARCH
- 編　集　　　教育画劇（清田久美子）

  　　　　　　オフィス303（深谷芙実、金田恭子、三橋太央）

- 写真・図版・挿絵　読売新聞／アフロ、草思社、トヨタ自動車、フォトライブラリー、ユーグレナ、岐阜県白川村役場、琉球村、時事通信フォト、アイストックフォト、The District Council of Coober Pedy、さぬき市歴史民俗資料館、河合楽器製作所、小松製作所、キッコーマン国際食文化研究センター、福島市民家園、西井牧場、みそ健康づくり委員会、ピクスタ、田淵俊人、MIRAI株式会社、サイエンスフォトライブラリー、東京都武蔵野市、埼玉県白岡市、東京消防庁本所都民防災教育センター

齋藤孝の どっちも得意になる！ 社会×理科

2016年4月1日　初版発行

発行者　升川秀雄
発行所　株式会社教育画劇
　　　　〒151-0051
　　　　東京都渋谷区千駄ヶ谷5-17-15
　　　　TEL 03-3341-3400
　　　　FAX 03-3341-8365
　　　　http://www.kyouikugageki.co.jp
印刷所　大日本印刷株式会社

社会と理科がどっちも大好きになっちゃった！

N.D.C.375　36p　297×220　ISBN 978-4-7746-2040-4
（全4冊セットISBN 978-4-7746-3032-8）
©KYOUIKUGAGEKI, 2016, Printed in Japan

- 無断転載・複写を禁じます。法律で認められた場合を除き、出版社の権利の侵害となりますので、予め弊社にあて許諾を求めてください。
- 乱丁・落丁本は弊社までお送りください。送料負担でお取り替えいたします。